Schwedenkopf vor dem Baumhaus (Seefahrtsamt) am Alten Hafen. Noch 1935 standen sie als Seezeichen in der Wismarer Hafeneinfahrt.

Schwedenkopf (Swedish Head) in front of the Baumhaus (Shipping Board) at the Old Harbour. In 1935 they were still in use as navigational aids in the entrance to Wismar harbour.

Schwedenkopf devant la Baumhaus (bureau de navigation) sur le vieux-port. Jusqu'en 1935, ces »têtes« se trouvaient à l'entrée du port de Wismar où elles servaient de repères pour la navigation.

»Schwedenkopf«, ett »svenskhuvud«, framför sjöfartsverket vid Alter Hafen. Ännu år 1935 stod sådana huvuden som sjömärken i Wismars hamninlopp.

Wismar

Ein Portrait – A Portrait – Un Portrait – Ett Porträtt

Reno Stutz (Text)
Hanjo Volster (Fotos)

Edition Temmen

Die Deutsche Bibliothek – CIP-Einheitsaufnahme

Wismar : Ein Portrait /
Reno Stutz (Text). Hanjo Volster (Fotos). –
Rostock; Bremen : Ed. Temmen, 1999
ISBN 3-86108-441-4

Übersetzung
Mary Janz (Englisch)
Michel Spanin (Französisch)
Eivor Wichmann (Schwedisch)

Bildnachweis
Martin Manfred Wenzel Poley: S. 13, 28;
alle übrigen Fotos: Hanjo Volster

18059 Rostock
Platz der Freundschaft 1
Tel. 0381-4019723
Fax 0381-4019729

28209 Bremen
Hohenlohestr. 21
Tel. 0421-34843-0
Fax 0421-348094

e-mail: Ed.temmen@t-online.de

Gesamtherstellung: Edition Temmen

ISBN 3-86108-441-4

Kleinod hansischer Baukunst

Schon von weitem künden mächtige gotische Backsteinkirchen vom einstigen Reichtum der alten Hansestadt. Doch erst, wenn man unmittelbar vor St. Marien, St. Nikolai oder St. Georgen steht, spürt man ihre Dimension und die Größe mittelalterlicher Baukunst. Darüber hinaus ist Wismar aber auch reich an prächtigen Profanbauten, allen voran die Gebäude am Marktplatz, wie der 1380 entstandene »Alte Schwede«, die im Renaissancestil errichtete »Wasserkunst« und das klassizistische Rathaus. Doch Wismar ist auch die »Frische Grube«, ein Kanal, der den Besucher unter ausladenden Bäumen, vorbei an liebevoll restaurierten Speichern und Bürgerhäusern, sicher zum Ursprung hansischen Reichtums führt – zum Alten Hafen.

Schwedische Kolonie und Festung

Mehr als 150 Jahre gehörte das mecklenburgische Wismar zum Königreich Schweden. Begonnen hatte alles 1631, als schwedische Truppen die Stadt während des 30jährigen Krieges be-

Jewel of Hanseatic architecture

Even at a distance mighty gothic brick churches bear witness to the former wealth of the old Hanseatic town. But not until one stands directly in front of St. Maria's, St. Nikolai's or St. George's does one sense their dimensions and the magnitude of medieval architecture. Wismar is also rich in magnificent secular edifices, especially the buildings on the Market Place, such as the »Alter Schwede«, built in 1380, the Renaissance-style »Wasserkunst« and the classical Town Hall. Characteristic for Wismar is also the »Frische Grube«, a canal which leads the visitor below spreading trees, past lovingly restored storehouses and town residences straight to the source of Hanseatic wealth – the Old Harbour.

Swedish colony and fortress

For over 150 years Wismar in Mecklenburg belonged to the Kingdom of Sweden. It all began in 1631, when Swedish troops occupied the town during the Thirty Years War. Through the Osnabrück Peace Treaty in

Joyau d'architecture hanséatique

De loin déjà, de puissantes églises gothiques en brique annoncent l'ancienne opulence de la vieille cité de la Hanse. Mais c'est seulement de près que St. Marien, St. Nikolai ou St. Georgen font sentir leur ampleur et la grandeur de l'architecture médiévale. En outre, Wismar regorge de splendides constructions profanes, et avant tout les bâtiments de la place du marché comme l'Alte Schwede de 1380, ou le Wasserkunst en style renaissance et l'hôtel-de-ville néo-classique. Mais Wismar c'est aussi la Frische Grube, un canal qui conduit le visiteur, sous de vastes frondaisons et au long d'entrepôts et de maisons bourgeoises amoureusement restaurés jusqu'à la source de l'ancienne splendeur hanséatique – au vieux port.

Colonie suédoise et place-forte

Plus de 150 années durant, Wismar la mecklenbourgeoise appartint au royaume de Suède. C'est en 1631 que tout débuta, lorsque les troupes suédoises occupèrent la ville durant la

Wismar, en av den hanseatiska byggnadskonstens klenoder

Redan på långt håll låter mäktiga gotiska tegelkyrkor ana den gamla hansastadens forna rikedom. Men först när man står direkt framför St. Marien, St. Nikolai eller St. Georgen upplever man deras dimension och den medeltida byggnadskonstens format. Wismar är dessutom också rikt på präktiga profana byggnader, framför allt de gamla husen vid torget såsom det år 1380 byggda »Alter Schwede«, det i renässansstil byggda »Wasserkunst« och det klassicistiska rådhuset. Wismar är också »Frische Grube«, en kanal, som under lummiga träd, förbi pietetsfullt restaurerade magasin och borgarhus för besökaren till den hanseatiska rikedomens ursprung – till den gamla hamnen.

Wismar, svensk koloni och fästning

I mer än 150 år tillhörde det mecklenburgska Wismar konungariket Sverige. Allting började år 1631, när svenska trup-

setzten. Durch den Friedensvertrag von Osnabrück geriet Wismar 1648 an Schweden und wurde zu einer gewaltigen Festung ausgebaut. Mehrfach standen Brandenburger, Dänen, Russen und andere vor der Stadt, belagerten und eroberten sie. 1803 kam Wismar per Pfandvertrag wieder an Mecklenburg. Die Schweden hatten jedoch das Recht, Wismar bis 1903 zurückzukaufen. Noch heute erinnern der »Alte Schwede«, das Zeughaus und vor allem die Schwedenköpfe an jene Zeit.

»Made in Wismar«

Seit Jahrhunderten bringen Wismarer Schiffe die Produkte ihrer Stadt in alle Herren Länder. Während es heute die modernen Containerschiffe der Aker-Werft sind, waren es früher Schoner und Koggen. Einen mittelalterlichen Exportschlager stellte zweifellos das in Wismar hergestellte Bier namens »Mumme« dar, das seine Abnehmer vor allem in Holland, Flandern, dem Baltikum und Skandinavien fand. So manches Faß ging sogar bis nach Spanien und Portugal. Selbst im asiatischen Raum wußte man die Wismarer »Mumme« zu schätzen. Zu Beginn des 20. Jahrhunderts wurden vor allem Traktoren, Raupenschlepper, Lkws, Pkws und Eisenbahnwaggons der Fir-

1648 Wismar fell to Sweden and was converted into a mighty fortress. Again and again the armies of Brandenburg, Denmark, Russia and others stood at the gates of the town, besieged and captured it. In 1803 Wismar was forfeited back to Mecklenburg. The Swedes, however, retained the right to buy it back by 1903. Today the »Alter Swede«, the Arsenal and especially the Schwedenköpfe recall that era.

»Made in Wismar«

For centuries Wismar ships have taken the products of their town to all four corners of the earth. Today it is the modern container ships of the Aker ship-yard, once it was schooners and cogs. A medieval export hit was certainly the »Mumme« beer produced in Wismar which sold particularly well in Holland, Flanders, the Baltic and Scandinavia. A good many barrels even went as far as Spain and Portugal. Even Asians appreciated »Mumme« from Wismar. At the beginning of the 20th century it was above all the Podeus tractors, caterpillars, lorries, cars and railway carriages which sold world-wide. »Made in Wismar« was also the military machinery built in the town from 1935 to 1945 by the North German Dornier Works. After World War

guerre de trente ans. Par le traité de paix d'Osnabrück, Wismar échut en 1648 à la Suède et fut aménagée en une redoutable forteresse. A plusieurs reprises Brandenbourgeois, Danois, Russes et d'autres assiégèrent la ville et l'occupèrent. En 1803 Wismar revint au Mecklenburg à titre de gage. Les Suédois conservaient cependant le droit de racheter Wismar jusqu'en 1903. Encore aujourd'hui, l'Alte Schwede, l'arsenal, et surtout les Schwedenköpfe (têtes suédoises) rappellent cette époque.

»Made in Wismar«

Depuis des siècles, les navires de Wismar transportent les produits de leur ville aux quatre coins du monde. Aujourd'hui les navires-containers modernes, autrefois des Schoner et des Koggen. La bière appelée Mumme, fabriquée à Wismar, fut indubitablement un best-seller d'exportation médiévale, trouvant preneur essentiellement en Hollande, en Flandre, et dans les pays Baltes et Scandinaves: mais plus d'un tonneau atteignit l'Espagne et le Portugal. Même en Asie, l'on appréciait la Mumme de Wismar. Au début du XXe. siècle ce furent avant tout des tracteurs, des véhicules à chenilles, des camions, des voitures et des wagons de chemin

per under trettioåriga kriget ockuperade staden. Genom freden i Osnabrück blev Wismar år 1648 svenskt, och staden blev utbyggd till en enorm fästning. Upprepade gånger stod trupper från bl.a. Brandenburg, Danmark och Ryssland framför staden, belägrade den och erövrade den. År 1803 kom Wismar genom utmätning igen att tillhöra Mecklenburg, men svenskarna hade till år 1903 rätt att köpa tillbaka staden. Ännu i dag påminner arsenalen och framför allt »svenskhuvudena« om denna tid.

»Made in Wismar«

Sedan århundraden fraktar skepp från Wismar stadens produkter till världens alla hörn. I dag gör det aker-varvets moderna containerskepp, förr gjorde det skonare och lastfartyg. En medeltida exportschlager var utan tvivel det i Wismar bryggda ölet, »Mumme«, som var eftertraktat framför allt i Holland, Flandern, de baltiska länderna och Skandinavien. Så månget fat gick också till Spanien och Portugal. Till och med i endel asiatiska länder uppskattade man »Mumme« från Wismar.

I början av 1900-talet såldes framför allt traktorer, bandtraktorer, lastbilar, personbilar och järnvägsvagnar tillverkade

ma Podeus weltweit verkauft. Made in Wismar waren aber auch Militärmaschinen, die die Norddeutschen Dornierwerke von 1935 bis 1945 in der Stadt bauten. Auf sowjetischen Befehl entstand nach dem Zweiten Weltkrieg die nach dem Antifaschisten Mathias Thesen benannte Großwerft. Sie wurde fortan zum wichtigsten Betrieb der Stadt. Bis heute bilden Schiffbau und Hafen das Rückgrat der Region.

Eine Stadt der Superlative

Auf Besonderheiten ihrer Stadt angesprochen, werden kundige Einheimische sogleich augenzwinkernd den Beweis führen, daß Wismar davon eine Vielzahl besitzt. Man denke nur an den Marktplatz, der mit seinen 10.000 m² der größte in Norddeutschland ist. Das 39 Meter hohe Mittelschiff der St. Nikolai-Kirche gilt sogar als das höchste in ganz Deutschland. Und während der Schwedenzeit war Wismar die stärkste Festung Europas. Bauten der Superlative entstanden aber nicht nur in früheren Jahrhunderten. Bis 1989 besaß die Stadt den größten Kali-Umschlaghafen Europas, und die neue Schiffbauhalle der Aker-Werft sucht nach wie vor ihresgleichen auf dem europäischen Kontinent.

II, on Soviet orders, a major shipyard was built, which was named after the antifascist Mathias Thesen. From then on it became the most important works in the town. To the present day shipbuilding and the port form the backbone of the region.

Town of superlatives

Ask a well-informed local about the special features of his town and he will wink and prove that Wismar possesses a whole variety. Just take the Market Place, with its 10,000 square metres the largest in North Germany. Or the 39-metre-high nave of the St-Nikolai's Church, which is even said to be the highest in the whole of Germany. And during the Swedish occupation Wismar was the strongest fortress in Europe. But superlative structures arose not only in former centuries. Up to 1989 the town had the largest potassium transshipment port in Europe and the new shipbuilding shed of the Aker shipyard is still unrivalled on the European continent.
Visitors strolling over the Wismar Market Place, along the Boulevard or the Old Harbour are soon caught up in the pulsating life of the town. Open-air markets, fish markets and the annual Hansetage (Hanseatic Days) exude a bustling flair. But

de fer de la firme Podeus, qui se vendaient dans le monde entier. Mais »Made in Wismar« c'étaient aussi des machines militaires, que les ateliers nord-allemands Dornier fabriquèrent dans la ville de 1935 à 1945. Sur ordre des soviétiques les grands chantiers navals Mathias Thesen (du nom d'un résistant anti-fasciste) virent le jour après la seconde guerre mondiale. Ils constituèrent dorénavant l'activité la plus importante de la ville. Aujourd'hui encore, la construction navale et le port forment l'épine dorsale de la région.

Une ville au superlatif

Interrogés sur les particularités de leur ville, les experts locaux vous prouveront en un clin d'œil que Wismar en a de reste: que l'on songe à la place du marché, la plus vaste d'Allemagne du nord, avec ses 10000m²; la nef centrale de l'église St. Nikolai passe pour être la plus élevée de toute l'Allemagne, avec ses 39 mètres; et durant toute la période suédoise Wismar fut la forteresse la plus puissante d'Europe. Mais les constructions au superlatif ne datent pas que des siècles révolus: jusqu'en 1989 la ville possédait le port de traitement de la potasse le plus important d'Europe et la nouvelle halle de cons-

av firman Podeus i hela världen. De Nordtyska Dornier-Verken byggde år 1935/45 militärmaskiner i staden – också det »made in Wismar«. På sovjetisk befallning uppstod efter andra världskriget ett storvarv uppkallat efter antifascisten Mathias Thesen. Det är sedan dess stadens viktigaste industriföretag. Ännu i dag bildar skeppsbygge och hamn regionens ryggrad.

En superlativens stad

Om man frågar en ortsbo om vad som är speciellt med staden, försäkrar han genast med glimten i ögat, att Wismar är bäst på en mängd saker. Man behöver bara tänka på torget med dess 10.000 m² – Norra Tysklands största. Mittskeppet i St. Nikolaikyrkan gäller t.o.m som hela Tysklands högsta med sina 39 meter. Och under den svenska tiden var Wismar Europas starkaste fästning. Men inte bara under tidigare århundraden uppstod byggnader av stora mått. Till år 1989 ägde staden Europas största omslagshamn för kalium, och aker-varvets nya skeppsbyggnadshall söker sin like på den europeiska kontinenten.
Besökare, som flanerar över Wismars torg, längs boulevarden eller Alter Hafen, grips snabbt

Besucher, die über den Wismarer Marktplatz, den Boulevard oder am Alten Hafen entlangschlendern, werden rasch vom pulsierenden Leben der Stadt eingefangen. Wochen- und Fischmärkte sowie die alljährlichen Hansetage verströmen das Flair geschäftigen Treibens. Wismar ist aber auch eine Stadt des Sports und der Kultur, worauf das moderne Kino, das Theater oder die berühmte Puppenbühne verweisen. Und wenn die Handballerinnen vor heimischer Kulisse ihre Bundesligaspiele absolvieren, sind sogar die oft als zurückhaltend bekannten Mecklenburger aus dem »Häuschen«.

Stadt am Meer

Eine besondere Attraktion Wismars ist die Umgebung. Die Lage am Meer, die vorgelagerte Insel Poel und die faszinierende mecklenburgische Landschaft machen Wismar zu einem Tummelplatz für Touristen aus aller Welt. Vor allem während der Sommermonate zieht es die Wismarer und ihre Gäste an die Ostsee, um in den nahegelegenen Badeorten Sonne, Strand und Meer zu genießen.

Wismar is also a town of sport and culture, as shown by the modern cinema, the theatre or the famous puppet stage. And when the ladies' handball team play their federal league matches against a home background, even Mecklenburg people, normally known for their restraint, go »berserk«.

Wismar on the Sea

A particular attraction of Wismar is the surroundings. Its position on the sea, the offshore island of Poel, and the fascinating Mecklenburg countryside draw droves of tourists from all over the world. Especially in the summer months the Baltic Sea attracts the people of Wismar and their guests, who enjoy sun, sand and sea in the nearby resorts.

tructions navales des chantiers Aker (Akerwerft), n'a toujours pas sa pareille sur le continent.

Les visiteurs, flânant sur la place du marché ou le long du boulevard, ou bien sur le vieux-port de Wismar sont vite saisis par l'animation intense de la ville. Les marchés hebdomadaires, les marchés aux poissons, les journées annuelles de la Hanse crèent une ambiance active. Mais Wismar est également une ville sportive et culturelle, comme en témoignent le cinéma moderne, le théatre ou la célèbre troupe de marionnettes. Et lorsque les handballeuses de première division jouent à domicile, il arrive que les mecklenbourgeois pourtant réputés pour leur retenue se mettent dans tous leurs états.

Wismar sur mer

Les environs de Wismar constituent une attraction: la situation en bord de mer, l'île de Poel à quelques encablures, et le fascinant paysage mecklenbourgeois font de Wismar un lieu d'élection pour touristes du monde entier. Et surtout durant les mois d'été, où les autochtones et leurs hôtes se laissent attirer par les stations balnéaires de la Baltique, toutes proches, pour y jouir du soleil, du sable, et de la mer.

av stadens pulserande liv. Ivrig verksamhet präglar salu- och fisktorg och de årliga »Hansetage«, hansadagarna. Men Wismar är också en sportens och kulturens stad, det vittnar den moderna filmen, teatern och dockscenen om. Och när handbollsdamernas hemmalag absolverar sina divisionsspel, är mecklenburgarna, som annars gäller som reserverade, ofta direkt lössläppta.

Wismar vid havet

En av Wismars särskilda attraktioner är omgivningarna. Läget vid havet, ön Poel direkt utanför och Mecklenburgs fascinerande landskap gör Wismar till en tummelplats för turister från hela världen. Framför allt under sommarmånaderna lockar östersjön stadsborna och deras gäster att njuta av sol, strand och hav i de nära badorterna.

Wismar aus der Luft. Im Hintergrund die neue Schiffbauhalle.

Wismar from the air. In the background the new ship-building shed.

Wismar vue d'avion. A l'arrière-plan, la nouvelle halle de constructions navales.

Wismar uppifrån. I bakgrunden den nya skeppsbyggnadshallen.

Die Kali-Kippanlage ist das Herzstück des Überseehafens.

The potassium tipping plant is the core of the international port.

Les installations de traitement de la potasse constituent le cœur du port d'outremer.

Kalitippen är oceanhamnens kärnpunkt.

Wismars nördliche Altstadt im Schnee. Im Mittelpunkt die Nikolaikirche.

The northern part of Wismar's old town centre. In the centre St. Nikolai's Church.

Le nord de la vieille-ville de Wismar sous la neige. Au centre, l'église St. Nicolas.

Gamla stans norra del. I centrum Nikolaikyrkan.

Die 1284 erstmals urkundlich erwähnte St. Georgen-Kirche wurde im April 1945 durch einen sinnlosen Angriff der Alliierten schwer zerstört. Gegenwärtig wird sie wieder aufgebaut. (links) Als dritte große Kathedralkirche ist St. Nikolai zwischen 1260 und 1272 entstanden. Der ursprüngliche Turmhelm stürzte 1703 bei einem schweren Sturm herunter und wurde später durch ein Satteldach ersetzt. (rechts)

St. George's Church, first mentioned in a document in 1284, was severely damaged in a senseless attack by the Allies in April 1945. It is currently being rebuilt. (left)
St. Nikolai's was built between 1260 and 1272 as the third of the great cathedral churches. The original tower dome fell down during a severe storm in 1703 and was later replaced by a saddle roof.

L'église St. Georges, officiellement mentionnée dès 1284, fut sévèrement endommagée en avril 1945 par une attaque absurde des alliés. Elle est en cours de reconstruction. (page de gauche)
Comme troisième grande cathédrale, St. Nicolas fut érigée entre 1260 et 1272. Le clocher originel s'effondra en 1703 lors d'une tempête et fut ultérieurement remplacé par un toit en bâtière.

Den år 1248 bevisligen omnämnda kyrkan St. Georgen blev i april år 1945 starkt skadad vid ett meningslöst bombangrepp. Man håller nu på att återuppbygga den. (t.v.)
Wismars tredje stora katedral, St. Nikolai, byggdes år 1260/72. Den ursprungliga tornspiran blåste ner vid en svår storm år 1703 och ersattes senare med ett sadeltak.

Blick auf das klassizistische Rathaus der Stadt. Das klar gegliederte Gebäude wurde zwischen 1807 und 1809 auf den Mauern des zwei Jahre zuvor eingestürzten Vorgängerbaus errichtet. Im Vordergrund die Kanonen der Hauptwache (heute Stadthaus).

View of the classical Town Hall of the town. The clearly structured building was constructed between 1807 and 1809 on the walls of the previous building, which had collapsed two years before. In the foreground the cannons of the Hauptwache (Main Police Station), now the Stadthaus.

Vue sur le Rathaus de la ville néoclassique. Le bâtiment, clairement articulé, fut érigé en 1807/09 sur les fondations de son devancier effondré deux ans auparavant. Au premier plan, les canons de la garde municipale.

Vy mot stadens klassicistiska rådhus. Byggnaden med dess klara linjer byggdes år 1807/09 på det gamla igenstörtade rådhusets fundament. I förgrunden högvaktens (i dag stadshus) kanoner.

Wochenmarkt auf dem Marktplatz. Seit dem 13. Jahrhundert bieten hier Handwerker und Kleinhandler Waren zum Verkauf an.

Open-air market on the Market Place. Craftsmen and small traders have been selling their wares here since the 13th century.

Marché hebdomadaire, place du marché. Depuis le treizième siècle, artisans et petits commercants proposent ici leurs denrées.

Torgdag på torget. Sedan 1200-talet erbjuder här hantverkare och handlare sina varor.

Bis heute zählt die um 1580 auf dem Markt entstandene »Wasserkunst« des Utrechter Baumeisters Philipp Brandin zu den Wahrzeichen Wismars. Der zwölfseitige Renaissancebau diente jahrhundertelang der städtischen Wasserversorgung, deren Geschichte am Sockel erzählt wird. (links)
Ob alt oder jung: der Wismarer Weihnachtsmarkt vor dem Rathaus lockt alljährlich unzählige Besucher an. (oben)

The »Wasserkunst«, a well built in 1580 on the Market Place by the Utrecht architect Philipp Brandin, is still regarded as one of the landmarks of Wismar. For centuries the twelve-sided Renaissance building served the municipal water supply, the history of which is written on the pedestal. (left)
Old or young: the Wismar Christmas Market in front of the Town Hall attracts countless vistors every year.

Le Wasserkunst, construit place du marché vers 1580 par Philipp Brandin, maître-bâtisseur d'Utrecht, est l'une des marques signalétiques de Wismar. Le bâtiment renaissance à douze pans assura des siècles durant l'approvisionnement en eau de la ville, dont l'histoire est inscrite sur le socle. (ci-contre) Petits et grands se laissent envoûter, chaque année, par le marché de Noël de Wismar, devant le Rathaus. (ci-dessus)

Ännu i dag räknas »Wasserkunst«, som omkr. år 1580 uppfördes av byggmästaren Philipp Brandin, till Wismars vårdtecken. Renässansbyggnaden med dess tolv sidor tjänade i århundraden stadens vattenförsörjning. Dess historia står att läsa på sockeln. (t.v.)
Julmarknaden framför rådhuset lockar varje år talrika besökare, unga som gamla. (ovan)

Blick auf die Ostseite des Marktes, wo das älteste und schönste gotische Backsteinhaus Wismars, der »Alte Schwede« steht. In dem um 1380 errichteten Gebäude befindet sich heute ein Restaurant.

View of the east side of the Market Place where the oldest and finest gothic brick house in Wismar stands, the »Alter Schwede«. The building, built in 1380, today houses a restaurant.

Vue sur la partie est du marché, où se trouve la plus ancienne et la plus belle des maisons gothiques en brique de Wismar: der Alte Schwede (le vieux suédois); le bâtiment, érigé vers 1380, abrite aujourd'hui un restaurant.

Vy mot torgets östsida, där Wismars äldsta och vackraste tegelhus, »Alter Schwede«, står. I huset, som byggdes omkr. år 1380 befinner sig i dag en restaurang.

Caféhausidylle am Marktplatz und am Alten Hafen.

Idyllic coffee house atmosphere on the Market Place and the Old Harbour.

Tableau idyllique des cafés de la place du marché – et sur le vieux-port.

Kaféidyll vid torget och vid Alter Hafen.

Bis heute haben alte Gewerke in Wismar eine feste Heimstatt. In Vergessenheit geratene Traditionen, wie die 1555 im Fürstenhof begangene Hochzeit Herzogs Johann Albrecht I. von Mecklenburg mit Anna Sophie von Preußen, wurden nach 400 Jahren wieder zu neuem Leben erweckt.

Old trades still have a special home in Wismar. Forgotten traditions, such as the wedding of Duke Johann Albrecht of Mecklenburg to Anna Sophie of Prussia at the Fürstenhof (Royal Court) in 1555 have been revived 400 years later.

Les vieux métiers ont droit de cité à Wismar.(à gauche) Une coutume tombée en désuétude a été reprise: le mariage du duc Johann Albrecht I. de Mecklenbourg avec Anna Sophie de Prusse, célébré en 1555, est de nouveau mimé tous les ans.(à droite)

Gammalt hantverk hålls i ära i Wismar. Också glömda traditioner från år 1555, då hertig Johann Albrecht I av Mecklenburg gifte sig med Anna Sophie av Preussen, har man återupplivat.

»Shopping« bei »Karstadt«. Rudolph Karstadt eröffnete 1881 an dieser Stelle sein erstes »Tuch-, Manufaktur- und Konfektionsgeschäft«. Der Erfolg seines Unternehmens: günstige und im Gegensatz zur Konkurrenz feste Preise sowie Barzahlung.

Shopping at Karstadt. Rudolph Karstadt opened his first »Cloth, manufactured goods and ready-made clothing store« here in 1881. The success story of his business: cheap and – unlike his competitors – fixed prices and payment by cash.

»Shopping« chez Karstadt. Rudolph Karstadt ouvrit à cet endroit, en 1881, son premier magasin de tissus manufacturés et confections. Le succès de son entreprise: des prix avantageux et, à l'inverse de ses concurrents, fixes, ainsi que le paiement comptant.

Shopping hos »Karstadt«. Rudolph Karstadt öppnade år 1881 på detta ställe sin första affär, »Klädesfabrik och Konfektionsaffär«. Hemligheten bakom hans framgång var läga och, i motsats till konkurrenternas, fasta priser samt kontant betalning.

Mitte des 19. Jahrhunderts säumten noch Dutzende Giebelhäuser Wismars Straßen. Die Lübsche Straße vermittelt heute nur noch einen schwachen Eindruck vergangener Pracht. Im Hintergrund der Turm von St. Marien.

In the mid-19th century dozens of gable-end houses lined the streets of Wismar. In the Lübsche Straße one gains a faint impression of past glory. In the background the tower of St. Maria's.

Au milieu du XIXe. siècle, des douzaines de maisons à pignons bordaient les rues de Wismar. Seule la Lübsche Straße donne encore aujourd'hui une faible idée de la splendeur passée. A l'arrière-plan, la tour de St. Marien.

I mitten av 1800-talet kantade ännu dussintals gavelhus Wismars gator. Lübsche Straße ger i dag bara en svag aning om den förgångna prakten. I bakgrunden kyrkan St. Mariens torn.

Seit dem 13. Jahrhundert versorgte die künstlich geschaffene »Frische Grube« die Stadt mit Wasser.

Since the 13th century the man-made »Frische Grube« provided the town with water.

Depuis le XIIIe. siècle, le canal artificiel Frische Grube assure l'approvisionnement en eau de la ville.

Sedan 1200-talet försörjer »Frische Grube« staden med vatten.

Das »Schabbelhaus« schuf Philipp Brandin zwischen 1569 und 1571 für den reichen Ratsherrn und Bürgermeister Heinrich Schabbel. Heute befindet sich in dem niederländisch geprägten Renaissancebau das Stadtgeschichtliche Museum.

Philipp Brandin created the »Schabbelhaus« between 1569 and 1571 for the rich town councillor Heinrich Schabbel. Today the Renaissance building, which shows Netherlands influence, houses the Town History Museum.

La Schabbelhaus fut créée entre 1569 et 1571 par Philipp Brandin pour le riche bourgmestre Heinrich Schabbel. Le musée municipal d'histoire occupe aujourd'hui le bâtiment dans le style renaissance hollandais.

»Schabbelhaus« i nederländsk renässans byggdes år 1569/71 av Philipp Brandin åt den rike rådsherren och borgmästaren Heinrich Schabbel. I dag befinner sig ett stadshistoriskt museum i byggnaden.

Liebevoll saniertes Speichergebäude an der »Frischen Grube«.

Lovingly renovated storehouse on the »Frische Grube«.

Des silos joliment restaurés, au bord de la Frische Grube.

Pietetsfullt renoverad magasinsbyggnad vid »Frische Grube«.

Wismarer Impressionen: Kirche zum Heiligen Geist in der Lübschen Str. (l. o.), Sonnenuhr an der Ratsapotheke (r. o.), »Suhlendes Schwein« an der Schweinsbrücke (l. u.), Wappen des Königs Karl XII. von Schweden am Zeughaus (r. u.).

Wismar impressions: the Holy Ghost Church in Lübschen St. (l.above), sundial on the Ratsapotheke/Town Apothecary (r. above), »Wallowing Pig« on the Schweinsbrücke/Swine Bridge (l. below). Coat of arms of King Charles XII of Sweden on the Arsenal (r. below)

Impressions de Wismar: l'église du Saint Esprit, rue Lübsche (en haut à gauche); l'horloge solaire au fronton de la pharmacie de l'hôtel de ville (haut droite); le cochon qui se vautre sur le pont du cochon (bas gauche); les armoiries du roi Charles XII de Suède à l'arsenal (bas droite).

Några blickfång: kyrkan Zum Heiligen Geist på Lübsche Straße (ovan t.v.), solur vid rådsapoteket (ovan t.h.), »Suhlendes Schwein« vid Schweinsbrücke (nere t.v.) och den svenske kungen Karl XII's vapen vid arsenalen (nere t.h.).

Der Ursprung des Namens »Rosmaringasse« ist nach wie vor ungeklärt. Bis 1680 war es die »Engestraße«, eine Bezeichnung, die der sie durchschreitende Besucher sofort nachvollziehen kann.

The origin of the name »Rosemary Lane« is still unknown. Up till 1680, however, it was called »Narrow Street«, a term which any visitor passing through can immediately understand.

L'origine du nom Rosmaringasse (ruelle du romarin) n'est toujours pas élucidée. Jusqu'en 1680 elle s'appelait Engestraße (rue étroite), une dénomination dont le bien-fondé n'échappera pas au visiteur.

Det är oklart varför den här gatan kallas »Rosmaringasse«. Till år 1680 hette den i alla fall »Tranggatan«, något som besökaren genast inser när han strövar genom den.

Der Innenraum von St. Nikolai wurde einschließlich Orgel und Kanzel durch den 1703 herabstürzenden Glockenturm schwer beschädigt. Dank des Kunstsinns und der Frömmigkeit reicher Bürger konnte alles fünf Jahre später wieder aufgerichtet werden.

The interior of St. Nikolai's, including the organ and the pulpit, was severely damaged by the fall of the bell tower in 1703. Thanks to the artistic taste and piety of rich burghers it could all be rebuilt five years later.

L'intérieur de St. Nikolai, orgue et chaire comprises, fut sévèrement endommagé par la chute du clocher en 1703. Grâce à l'ingéniosité et la piété de riches bourgeois, tout put être remis en état en cinq ans.

St. Nikolaikyrkans inre och därmed också orgeln och predikstolen blev starkt skadade, när kyrktornet år 1703 störtade igen. Tack vare rika borgares konstsinne och fromhet kunde allt återupprättas fem år senare.

Das 1945 aus St. Marien gerettete bronzene Taufbecken ist eine Schmiedearbeit des 13. Jahrhunderts. Der als »Teufelsfünte« bezeichnete Kessel ist mit einem Gitter umgeben, das ein mit Stricken umwundenes Stabwerk darstellt. Auf Grund seiner unglaublichen Kunstfertigkeit hatte, so die Sage, der Teufel seine Hand im Spiel.

The bronze font saved from St.Maria's in 1945 is a piece of wrought-metal work from the 13th century. The tank, known as »Teufelsfünte«, is surrounded by a railing which depicts bars wound round by cords. Because of the incredible skill involved, the legend goes that the devil had a hand in it.

Les fonts baptismaux en bronze de St.Marien, sauvés en 1945, sont un ouvrage en fer forgé du XIIIe. siècle. Le bassin, décrit comme Teufelsfünte, est entouré d'une grille représentant un meneau retourné par des cordes. En raison de son incroyable habileté, dit la légende, le diable aurait mis la main à la pâte.

Bronsdopfunten i St. Marien, som kunde räddas undan förstörelse år 1945, är från 1200-talet. Den s.k. »djävulsfunten« är omgiven av ett galler av stavar omlindade med rep. På grund av den otroliga hantverkliga konstfärdigheten säger sägnen, att djävulen hade sin hand med i spelet.

Unmittelbar neben der Nikolai-Kirche steht die Großplastik »Fanfarenbläser und Trommelschläger«, die das Auf und Ab der schwedischen Großmachtpolitik versinnbildlicht.

Directly next to St.Nikolai's Church stands the large sculpture »Fanfare Players and Drum Beaters« which symbolizes the ups and downs of Swedish power politics.

Immédiatement à côté de la Nikolai-Kirche se dresse la grande composition plastique »Tambours et Trompettes« qui symbolise l'ascension et la décadence de la politique suédoise de grande puissance.

Omedelbart bredvid Nikolaikyrkan står en stor skulptur, »Fanfarblåsare och trumslagare«, som symboliserar den svenska stormaktspolitikens upp- och nedgång.

Nur noch wenige Reste sind von der 1276 fertiggestellten Stadtmauer erhalten. Bis 1865 umschloß ein 3100 Meter langer Mauerring die Stadt noch lükkenlos.

Of the town wall, erected in 1276, only a few remains still stand. Up to 1865 a 3100-metre-long ring wall completely enclosed the town.

Il ne reste que quelques pans de la muraille de la ville, achevée en 1276. Jusqu'en 1865, un mur d'enceinte de 3100 mètres de long entourait encore la ville sans lacune.

Bara rester finns kvar av stadsmuren från år 1276. Till år 1865 omringade den 3100 meter långa muren staden helt.

Inmitten städtischen Trubels ist der Innenhof des Heiligen-Geist-Hospitals eine Oase der Ruhe.

In the midst of urban bustle the inner court of the Holy Ghost Hospital is an oasis of peace.

Au cœur du tumulte citadin, la cour intérieure de l'hospice du Saint Esprit est une oasis de calme.

Mitt i stadsvimlet är Heiligen-Geist-Hospitals gård en stillhetens oas.

Traditionell starten die Festspiele Mecklenburg-Vorpommern jedes Jahr im Juni mit einem Orchesterkonzert in der Wismarer Heiligen-Geist-Kirche.

The traditional start to the Mecklenburg-West-Pommerania Festival every year in June is the orchestral concert in the Holy Ghost Church in Wismar.

Traditionnellement, le festival annuel de Mecklenburg-Vorpommern débute en juin par un concert d'orchestre dans l'église du Saint Esprit de Wismar.

Traditionellt inleds Mecklenburg-Vorpommerns festspel varje år i juni med en orkesterkonsert i Wismars Heiligen-Geist-Kyrka.

Die Ruine der St. Georgen-Kirche, »Prestigeobjekt« der Deutschen Stiftung Denkmalpflege, wird gegenwärtig wiederaufgebaut.

The ruin of St.George's Church, »prestige object« for the German Foundation for the Preservation of Historical Monuments, is currently being rebuilt.

La ruine de l'église St.Georges, »objet de prestige« de la fondation pour l'entretien des monuments historiques allemands est en voie de restauration.

F.n. återuppbyggs St. Georgen-Kyrkan, ett prestigeobjekt för den tyska stiftelsen för kulturminnesvård.

Von der im 13. Jahrhundert aus dunkelgrünen und roten glasierten Backsteinziegeln errichteten St. Marien-Kirche, steht nur noch der 80 Meter hohe Glockenturm. Anglo-amerikanische Luftminen zerstörten in der Nacht vom 14./15. April 1945 das hochgotische Kirchenschiff.

Of St.Mary's Church, built in the 13th century of dark green and red glazed bricks, only the 80-metre-high bell tower still stands. Anglo-American air mines destroyed the high gothic nave in the night of 14th/15th April 1945.

De l'église St.Marien, érigée au XIIIe. siècle en briques vernissées rouges et vert-foncé, ne demeure que le clocher, haut de 80m. Les mines aériennes anglo-américaines détruisirent dans la nuit du 14 au 15 avril 1945 la nef gothique de l'église.

Av St. Marien-Kyrkan, som på 1200-talet uppfördes av mörkgrönt och rött glaserat tegel, återstår bara det 80 meter höga tornet. Anglo-amerikanska bomber förstörde natten till den 15 april 1945 det höggotiska kyrkskeppet.

Stuyvesant

Am Lohberg laden heute zahlreiche Cafés und Kneipen zum Verweilen ein. (links)
Die Erlebnisbierbrauerei am Lohberg, in der heute wieder das berühmte Wismarer Bier »Mumme« ausgeschenkt wird. (oben)

On the Lohberg numerous cafés and pubs invite guests to linger. (left)
The »brewery experience« on the Lohberg, where the famous Wismar »Mumme« beer is now again served.

Sur le Lohberg, de nombreux cafés et tavernes invitent à s'arrêter. (page de gauche)
Brasserie-évènement sur le Lohberg, où la célèbre Mumme de Wismar est de nouveau servie. (ci-dessus)

Vid Lohberg lockar talrika kafeér och krogar att slå sig ner en stund. (t.v.)
Ett bryggeri vid Lohberg, där man får se på hur det berömda historiska ölet »Mumme« nu igen bryggs och tappas. (ovan)

Haushoch türmt sich das aus Backstein errichtete Wassertor auf. Es ist das einzige noch erhalten gebliebene Stadttor Wismars.

The brick-built Water Gate towers up as high as a house. It is the only remaining town gate of Wismar.

Seule porte de ville conservée de Wismar, la Wassertor, bâtie en briques, dresse ses tourelles à hauteur de maison.

Den imponerande Wassertor av tegelsten är i dag Wismars enda bevarade stadsport.

Während des alljährlichen Straßentheaterfestes wird im Juni die gesamte Wismarer Altstadt zur großen Theaterbühne. Schauspieler und Musiker bestimmen dann das Bild der Stadt.

During the annual street theatre festival in June the whole old town centre of Wismar turns into a huge stage. Then actors and musicians »rule« the town.

Durant le festival de théatre de rues annuel, l'ensemble de la vieille-ville de Wismar se transforme en une gigantesque scène. Comédiens et musiciens déterminent alors l'image de la ville.

Varje år i juni, då staden firar gatuteaterfest, förvandlas gamla stan till en stor teaterscen. Skådespelare och musikanter präglar då stadsbilden.

Ein besonderer Besuchermagnet ist der »Fürstenhof«. Er wurde zwischen 1512 und 1553 in Anlehnung an italienische Renaissancevorbilder als Residenz der mecklenburgischen Herzöge errichtet.

A special magnet for visitors is the Fürstenhof (Royal Court). Modelled on the Italian Renaissance, it was built between 1512 and 1553 as the residence of the Dukes of Mecklenburg.

La Fürstenhof (cour princière) représente un pôle d'attraction particulier pour les visiteurs. Elle fut élaborée entre 1512 et 1553 comme résidence des ducs de Mecklenburg, s'inspirant de modèles de la renaissance italienne.

Ett speciellt dragplåster för turister är »Fürstenhof«. Den byggdes år 1512/53 efter italienska renässansförebilder till residens åt Mecklenburgs furstar.

Das um 1710 entstandene Zeughaus gilt als eines der bedeutendsten barocken Zeugnisse schwedischer Militärarchitektur in Deutschland.

The Arsenal, built around 1710, is regarded as one of the most significant baroque testimonials to Swedish military architecture in Germany.

L'arsenal, érigé vers 1710, passe pour l'un des représentants les plus significatifs de l'architecture militaire suédoise baroque en Allemagne.

Arsenalen, som byggdes omkr. år 1710 anses som ett av den svenska militärarkitekturens mest betydande verk i Tyskland.

Auch abseits belebter Straßen wurden ganze Häuserzeilen saniert, wie hier in der Neue(n) Wallstraße.

Even far from the busy streets whole terraces have been renovated, as here in the Neue Wallstraße.

Des quartiers entiers, même à l'écart des rues animées, furent également rénovés, comme ici dans la Neue Wallstraße.

Också på avsides belägna gator har hela rader av hus blivit sanerade såsom här på Neue Wallstraße.

Der »Wasserturm« am Lindenpark ist der letzte erhalten gebliebene Wehrturm der Stadtmauer. Von 1682 bis Ende des 19. Jahrhunderts diente er als Wasserbehältnis.

The Water Tower in Lindenpark is the last remaining fortified tower of the town wall. From 1682 till the end of the 19th century it served as a water reservoir.

Le Wasserturm (château d'eau) en lisière du Lindenpark (parc aux tilleuls) est l'ultime tour de garde conservée des fortifications de la ville. Elle servit de réservoir d'eau de 1682 à la fin du XIXe. siècle.

«Wasserturm« vid Lindenpark är stadsmurens sista bevarade försvarstorn. Från år 1682 till slutet av 1800-talet tjänade det som vattenreservoar.

Wie an einer Perlenschnur aufgefädelt, liegen die Fischkutter an der Mole des »Alten Hafens«.

Fishing cutters lie along the mole of the Old Harbour like a string of pearls.

Comme enfilés sur un collier de perles, les châlutiers s'accôtent au môle du vieux-port.

Som pärlor på en tråd ligger fiskebåtarna vid piren i »Alter Hafen«.

Wer den Hafen besucht, sollte sich mit frischem Fisch direkt vom Kutter eindecken.

Visitors to the harbour should stock up on fresh fish direct from the cutter.

Si vous visitez le port, ne manquez pas de vous approvisionner en poissons directement au châlutier.

Den som rör sig i hamnen kann förse sig med färsk fisk direkt från båtarna.

Der Alte Hafen mit Blick auf das ehemalige Zollhaus und das Wassertor.

The Old Harbour with a view of the former Customs House and the Water Gate.

Vieux-port avec vue sur l'ancienne douane et la Wassertor.

Alter Hafen med vy mot det gamla tullhuset och Wassertor.

Anfang der 90er Jahre entstand ein moderner Yacht- und Motorboothafen – im Hintergrund das »Hafencenter«.

In the late nineties a modern yacht and motorboat harbour was built – in the background is the »Hafencenter«.

Au début des années 90 un port de plaisance moderne pour yachts et bâteaux à moteur vit le jour. A l'arrière-plan le centre portuaire.

I början av 90-talet uppstod en modern jakt- och motorbåtshamn. I bakgrunden »Hafencenter«.

Mit Fertigstellung der neuen Schiffbauhalle zählt die Aker-Werft zu den modernsten in Europa. Das weithin sichtbare neue Wahrzeichen der Stadt versinnbildlicht den Weg Wismars in das neue Jahrtausend.

Since the completion of the new ship-building shed the Aker shipyard has been amongst the most modern in Europe. The new town landmark can be seen from afar and symbolizes Wismar's way into the new millenium.

Avec l'achèvement de la nouvelle halle de constructions navales, les chantiers Aker-Werft comptent parmi les plus modernes d'Europe. Visible de loin, la nouvelle marque de la ville symbolise le chemin de Wismar vers le nouveau millénaire.

Med sin nya skeppsbyggnadshall räknas Aker-varvet till Europas modernaste. Stadens nya vårdtecken syns på långt håll och symboliserar Wismars väg in i det nya årtusendet.

Die neue 340 Meter lange und 67 Meter breite Schiffbauhalle ermöglicht es, Neubauten witterungsunabhängig fertigzustellen.

The new ship-building shed, 340 metres long and 67 metres wide, allows new ships to be completed independent of weather conditions.

La nouvelle halle, avec ses 340 mètres de long et 67 de large permet de nouvelles constructions à l'abri des intempéries.

Den nya 340 meter långa och 67 meter breda hallen möjliggör en produktion oberoende av årstid och väderlek.

Nur wenige Augenblicke, und der aus Waren-Müritz (Mecklenburg) stammende Schiffspropeller sitzt auf der Antriebswelle.

In a few moments the ship's propellor, from Waren-Müritz (Mecklenburg), will be fixed to the drive-shaft.

Encore quelques instants, et l'hélice en provenance de Waren-Müritz (Mecklenburg) sera ajustée à l'arbre moteur.

Om några ögonblick kommer propellern, som tillverkats i Waren-Müritz (Mecklenburg), att vara monterad vid drivaxeln.

Einst zweitgrößter Seehafen der DDR, ging die Umschlagskapazität des Wismarer Hafens nach der Wende stark zurück. Dennoch ist er auch weiterhin für die Region von großer Bedeutung und ein wichtiger Arbeitgeber.

Once the second biggest sea port in the German Democratic Republic, the port of Wismar's loading capacity fell off severely after Reunification. But it is still of great significance for the region and an important employer.

Autrefois second port de mer de la RDA, Wismar vit sa capacité de transbordement considérablement diminuer après la réunification. Il demeure toutefois d'une importance considérable et reste un donneur d'emplois important.

Efter att ha varit den näststörsta havshamnen i DDR förlorade Wismars hamn mycket i betydelse efter erans slut. Men ännu är den av stor regional betydelse och en viktig arbetsgivare.

Die Wismarer Werft hat sich in den letzten Jahren auf den Bau von Containerschiffen sowie Öl- und Chemietankern spezialisiert.

The Wismar shipyard has specialized in recent years in container ships and oil and chemical tankers.

Les chantiers navals de Wismar se sont spécialisé ces dernières années dans la construction de porte-containers et de tankers à pétrole et substances chimiques.

Varvet i Wismar har under de senaste åren allt mer koncentrerat sig på att bygga containerskepp och olje- och kemitankfartyg.

Seit vielen Jahren ist die Wendorfer Seebrücke ein beliebter Ausflugsort, da man von ihr einen wunderbaren Blick über die Wismarer Bucht hat.

For many years the Wendorf pier has been a popular place for outings, as there is a wonderful view over Wismar Bay.

La jetée de Wendorf est depuis des années un lieu privilégié d'excursions: on y a une vue splendide sur la baie de Wismar.

Sedan många år är bryggan i Wendorf en populär utflyktsort. Härifrån har man en underbar utsikt över Wismar-viken.

Die Insel Poel ist seit langem ein beliebtes Ausflugsziel der Wismarer und ihrer Besucher. Im Sommer locken vor allem die zahlreichen Strände die »Utläner«, wie echte Insulaner die Gäste hier spöttisch nennen, zum Baden und Sonnen.

The island of Poel has long been a popular destination for the people of Wismar and their visitors. In the summer swimming and sunbathing on the numerous beaches attracts the »Utläner« (Outlanders), the locals' nickname for their guests.

L'île de Poel est depuis longtemps un but privilégié d'excursions pour les wismarais et leurs visiteurs. L'été, ce sont surtout les innombrables plages qui attirent les Utläner, comme les vrais insulaires nomment leurs hôtes en se moquant.

Ön Poel har länge varit populär som utflyktsmål för invånarna i Wismar och deras gäster. Om somrarna lockar framför allt de talrika stränderna »utlänningarna«, som äkta öbor ironiskt kallar gästerna, att bada och att sola sig.

Obwohl die Insel unmittelbar vor dem mecklenburgischen Festland und nur wenige Kilometer von Wismar entfernt liegt, ist Poel eine andere Welt. Noch bis vor kurzem sagten alte Poeler, wenn Besuch vom Festland kam: »Dei kamen ut Dütschland«.

Although the island is directly off the Mecklenburg mainland and only a few kilometres from Wismar, Poel is a different world. Only recently, old inhabitants of Poel would say of visitors from the mainland: »They come from Germany«.

Bien que toute proche de la terre ferme du Mecklenburg et à peu de kilomètres de Wismar, Poel est un autre monde. Il n'y a pas si longtemps que les vieux Poeler disaient, lorsqu'il venait de la visite du continent: »ceux-là viennent d'Allemagne«.

Fastän ön ligger omedelbart framför fastlandet och bara några få kilometer från Wismar, verkar Poel att vara en annan värld. För inte alltför länge sedan sade gamla öbor om besökare från fastlandet, att de kom »från tyskland«.

Bedeutende Teile der Insel stehen unter Naturschutz. Insbesondere Wasservögel finden auf den Salzwiesen ideale Lebensbedingungen.

Significant parts of the island are listed as nature reserves. Water fowl in particular find ideal living conditions on the salt marshes.

Des parties importantes de l'île sont classées réserves naturelles. Des oiseaux aquatiques en particulier trouvent sur les prés-salés des conditions de vie idéales.

Betydande delar av ön är naturreservat. Särskilt vattenfåglar hittar på saltängarna idealiska livsvillkor.

Der Kirchsee ist eine sich weit in die Insel hineinziehende Bucht – der Hafen des größten Poeler Dorfes Kirchdorf im Herzen der Insel.

As the Kirchsee Bay cuts far into the island, the harbour of Kirchdorf, the largest village on Poel, lies at the heart of the island.

En raison du Kirchsee (une baie qui s'étend loin à l'intérieur de l'île), le port du plus grand village de Poel, Kirchdorf, se trouve au cœur de l'île.

Öns största by Kirchdorf har sin hamn vid en djup vik, Kirchsee, i öns Centrum.

Jahraus, jahrein ist der Timmendorfer Strand ein »Eldorado« für Badehungrige und Sonnenanbeter.

Year in, year out, the beach at Timmendorf is an eldorado for bathers and sun-worshippers.

Bon an mal an la plage de Timmendorf est un eldorado pour les affammés de bain de mer et les adorateurs du soleil.

År efter år är Timmendorfer Strand ett eldorado för badvänner och soldyrkare.

Die reizvolle Umgebung Wismars bietet dem Besucher viele idyllische Plätze. Ein niederdeutsches Hallenhaus in Wodorf beherbergt heute die Wohnung und das Atelier eines Malers.

The delightful countryside around Wismar has many idyllic attractions for visitors. A low German hall house in Wodorf now houses a painter's home and studio.

Les environs attrayants de Wismar offrent au visiteur plus d'un tableau idyllique. Une maison-grange en style niederdeutsch à Wodorf abrite aujourd'hui l'habitation et l'atelier d'un peintre.

Många idylliska platser erbjuder Wismars omgivningar. Ett typiskt nordtyskt »Hallenhaus« i Wodorf hyser i dag en målares bostad och ateljé.

Inmitten sanfter Hügelketten und gelbwogender Rapsfelder gelegen, bereitet die Stadt ihren Besuchern einen malerischen Empfang.

In the midst of gentle hills and undulating rape fields the town gives her visitors a picturesque welcome.

Au milieu de collines douces et de champs de colza jaunes ondulant, la ville prépare à ses visiteurs un accueil pittoresque.

Omgiven av mjuka kullar och gula gungande rapsfält hälsar staden besökaren välkommen.

Nur wenige Kilometer von Wismar entfernt liegt Dorf Mecklenburg, das dem Land seinen Namen gab. Gastronomischer Mittelpunkt des Ortes ist die »Mecklenburger Mühle«.

Only a few kilometres from Wismar lies the village of Mecklenburg, which gave the land its name. The gastronomic heart of the village is the »Mecklenburg Mill«.

A quelques kilomètres seulement de Wismar, le village de Mecklenburg, qui a donné son nom à la province. Le rendez-vous gastronomique de l'endroit est la Mecklenburger Mühle.

Bara några få kilometer från Wismar ligger Dorf Mecklenburg, byn, som givit landet sitt namn. Ortens gastronomiska medelpunkt är »Mecklenburger Mühle«.

Blick von der Wismarer Bucht auf die nächtliche Stadt.

View of the town at night from Wismar Bay.

Vue depuis la baie de Wismar sur la ville, de nuit.

Vy från Wismar-viken över staden i nattljus.

»Alter Hafen«
bei Nacht.

The Old Harbour
at night.

Vieux port la nuit.

»Alter Hafen«
om natten.

Historische Atmosphäre in den nächtlichen Straßen der denkmalgeschützten Altstadt – im Hintergrund: St. Nikolai.

Historic atmosphere in the streets of the listed old town centre at night – in the background: St. Nikolai's.

Atmosphère historique dans les rues nocturnes de la vieille-ville, monument historique protégé. A l'arrière-plan: St.Nikolai.

Historisk atmosfär på de nattmörka gatorna i gamla stan i Wismar, ett kulturminne. I bakgrunden St. Nikolai.